QUE FAUT-IL DONC AVOIR ÉTÉ ET ÊTRE...

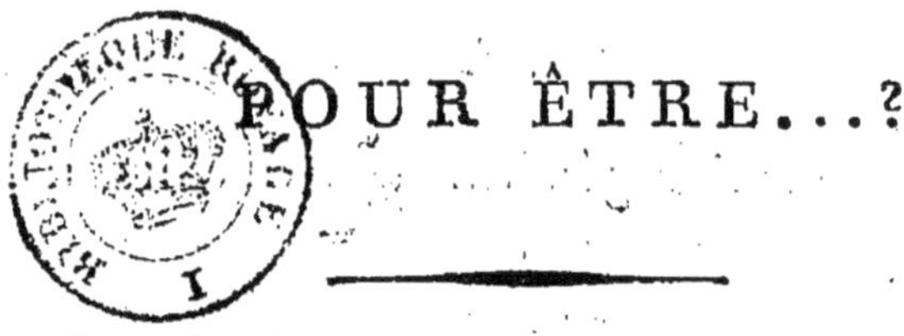

POUR ÊTRE...?

Le citoyen Hurel, pour mettre en état de résoudre cette question, croit devoir commencer par exposer ce qu'il a été.

Pendant plusieurs années de sa jeunesse, il a plaidé, comme avocat, au Parlement ainsi qu'au Châtelet.

Payeur des rentes jusqu'en 1772, il est rentré dans l'exercice de cette charge, en 1784. Elle a été supprimée par la révolution, et depuis la révolution il a été, par le résultat de l'examen de sa comptabilité, constitué créancier de la République, d'une somme de 60,000 francs, dont il a été reconnu en avance depuis 1791.

Ancien fermier du roi dans la rentrée des domaines engagés.

Ancien administrateur des domaines.

Ancien agent-général desdits domaines.

Ancien fermier-général des devoirs de Brétagne.

Ancien administrateur du privilège des voitures de place et autres réunies.

Ancien commissaire des assurances sur la vie.

Ancien commissaire de la caisse d'escompte.

Il a, depuis la révolution, occupé, tant au civil qu'au militaire, toutes les places à la nomination de ses concitoyens, dans lesquelles ils ont cru qu'il pouvait leur être utile.

Electeur en 1791 ; membre de la commune en 1792, seulement jusqu'au 10 août.

Président, commissaire, trésorier, il a passé par toutes les places de confiance et de bienfaisance; à l'exception de celles des comités révolutionnaires, aux fonctions desquelles il n'a jamais participé.

Ancien membre, et l'un des plus zélés de la société philantropique.

Ancien membre et même rapporteur de l'association de bienfaisance judiciaire.

Membre, et l'un des premiers fondateurs de la société des amis des arts.

Membre résident de la société philotéchnique de Paris, etc.

Réduit, par des pertes accumulées par la révolution, à chercher dans son travail des moyens d'existence, sur la fin d'une carrière laborieuse; mais dont le travail était adouci par l'aisance et la paix d'une conscience sans reproche, il va rendre compte de la manière dont a été trompé son espoir, dans une partie sur laquelle les lecteurs trouveront, sûrement, qu'il avait droit.

COPIE

De la Lettre écrite au Citoyen Dufresne, *Conseiller d'Etat, Chef de la Trésorerie, par le Citoyen* Hurel, *le 17 Ventôse, an 8 de la République française* (*).

CITOYEN,

» Si l'homme honnête, qui n'a éprouvé « aucun reproche, ni dans sa conduite, ni » dans aucunes des places qu'il a remplies, » ruiné par la révolution, et encore par » les évènemens des 18 fructidor et 18 bru- » maire, qui ont arrêté des rapports essen- » tiels et intéressans à sa fortune, et prêts » à se faire au conseil des Cinq-Cents : si, je

(*) La nouvelle organisation du paiement des rentes à la Trésorerie, où l'on a employé des ci-devant payeurs des rentes, sans y comprendre le citoyen *Hurel*, est le principe de cette lettre.

» le répète, l'homme honnête, qui se trouve » dans cette cruelle position, a cru devoir » espérer un regard favorable du gouvernement, et pouvoir être employé utilement » par le gouvernement, tant pour lui que » pour sa patrie, c'est, sans doute, dans ce » moment, où les Consuls paraissent vouloir s'occuper si utilement de venir au secours des hommes probes et honnêtes; et » je vous avoue, citoyen, que, sans croire » avoir besoin de solliciter, étant généralement connu, j'attendais avec confiance » cette faveur, pour dédommagement des » pertes que j'ai éprouvées, sans avoir pu ni » les parer, ni les prévoir; étant d'ailleurs » encore en état de travailler, et j'espérais » qu'il me serait donné une place qui pût » me faire vivre, et mettre encore, en activité, le zèle et l'exactitude que j'ai toujours mis dans toutes celles que j'ai occupées depuis plus de quarante ans, et, j'ose » dire, à la satisfaction du public, dont j'ai » même acquis l'estime.

» J'avais d'autant plus d'espoir d'obtenir
» cette grâce, que je vous voyais, citoyen,
» chef de la partie où j'ai été employé le
» plus long-tems, et où, quoique ruiné,
» étant bien reconnu que ce n'est pas par
» ma faute, cet acte de justice et mon nom
» n'auraient pas peut-être, peu contribué
» à ramener la confiance publique ; ce dont
» j'ai la preuve, par l'intérêt et le desir
» que me donnent journellement, rentiers,
» banquiers et receveurs, de me voir oc-
» cuper une place, où ils n'avaient eu qu'à
» se louer de ma gestion.

» Oui, citoyen, je ne croirais pas même
» nécessaire de me rappeler à votre souve-
» nir; mais ce que vous m'avez fait l'honneur
» de me dire le 12 de ce mois, me prouve
» que l'intégrité, le zèle et la bonne con-
» duite ne suffisent pas pour obtenir, *même
» en ce moment*, la récompense de son tra-
» vail, et qu'il y a beaucoup de prétendans.
» Je ne suis d'ailleurs ni intriguant, ni sol-

» liciteur, et quoique l'un des premiers sur » votre liste, je dois craindre de n'être pas » des élus. J'ai cependant l'honneur d'être » connu de vous; vous me rendez justice, » avec la bonté de dire du bien de moi. . . . » *Que faut-il donc avoir été... et être...* » *pour être replacé?* Je m'en réfère à votre » bienveillance, et ose encore ne pas perdre » tout espoir.

» Vous ne connaissez pas encore, je le » vois, tous les malheurs des ci-devant comp- » tables, et sur-tout des malheureux payeurs » de rentes. J'ai l'honneur de vous commu- » niquer, ci-joint, les pièces de leurs justes » réclamations, pour réparer l'omission faite » dans la loi du 24 août 1793, de les autori- » ser à rembourser leurs créanciers, non- » obstant l'opposition de la nation sur leurs » inscriptions, jusqu'à l'obtention de leur » *quitus*; et qui n'a été réparée, qu'en par- » tie, par celle du 26 frimaire, an 3, art. » IV, qui aurait dû dire : *nonobstant toutes*

» *transactions particulières antérieures à* » *ladite loi du 26 frimaire*, *an 3*. Daignez-» y jeter un coup-d'œil, et vous me rendrez » justice.

» SALUT ET RESPECT,

» HUREL ».

Jusqu'au 12 ventôse, an 8, le citoyen Dufresne, m'ayant fait l'accueil le plus honnête, paraissait prendre intérêt à ma position. Je l'avais connu autrefois; et depuis sa nomination à la place de directeur de la trésorerie, j'allais à son audience une fois ou deux par décade. Un jour s'y trouva Mlle. *Arnould*, que j'avais connue il y a long-tems. Le citoyen Dufresne la vit causer avec moi, en reconduisant quelqu'un, et la fit entrer dans son cabinet, en lui disant: *Vous connaissez ce brave homme? c'est un galant homme, un bon comptable*, etc. *Je voudrais bien obliger*, etc. Il la reconduisit; et, en le quittant devant tout le monde, elle répéta ce qu'il venait de lui dire. Le 12 ventôse, son envie de m'obliger me parut s'affaiblir. Je fis la lettre de l'autre part, et la lui portai le 17. Ne recevant point de réponse j'y retournai le 21, et lui demandai quel usage il avait fait de ma lettre. Il me dit : *Je ne l'ai point lue ; le citoyen* Boscheron *a choisi ses collaborateurs ; je vais vous la rendre.* Je veux bien, lui dis-je, reprendre les pièces qui y sont jointes, mais pour la lettre, non ; vous en ferez des papillotes, si vous voulez ; je vais même la faire imprimer. Je dois au public, à mes créanciers, à moi-même de donner la publicité à l'injustice que j'éprouve, après plus de quarante ans de travail, sans reproche. Sous le règne de la justice, je ne devais pas m'y attendre, étant d'ailleurs dans le plus grand besoin..... *Mais*, dit-il, *il y a quarante ans que je travaille aussi* : ma réponse fut, c'est vrai ; mais vous voilà et me voilà, en lui montrant la porte. Depuis je ne l'ai plus vu. J'envoyai cet imprimé au citoyen Boscheron, et voici sa réponse.

COPIE

De la Lettre du Citoyen Boscheron, *nommé Payeur-Général des rentes et pensions, au Citoyen* Hurel, *ancien Payeur des rentes, sur ce qu'il n'était pas du nombre de ceux choisis pour la nouvelle organisation du paiement des rentes à la Trésorerie.*

J'apprends avec la plus grande peine, mon ancien collègue, que vous êtes fâché de n'être pas du nombre des 10 que M. *Dufresne* vient de choisir. Je vous prie de croire que mon regret est de n'avoir pu lui en faire admettre un plus grand nombre. Mais ce que je n'ai pu obtenir directement, j'espère que le tems me le procurera; et alors, soyez sûr qu'il ne tiendra pas à moi que vos vœux ne soient satisfaits.

Agréez l'assurance de mon sincère attachement.

Signé BOSCHERON.

Paris, ce premier germinal, an 8.

COPIE

De la Réponse faite par le Citoyen Hurel *au Citoyen* Boscheron, *le 3 Germinal, an 8 de la République française.*

Il est vrai, mon ancien collègue, que je suis, ainsi que tout le monde, on ne peut pas plus surpris de la façon dont vous avez déterminé le choix de vos collaborateurs; vous n'êtes ni ministre, ni premier commis, les pouvoirs que vous aviez pour arranger cette affaire vous avaient été confiés d'amitié par vos confrères, et pour eux, et non pour des étrangers; et parmi eux, le choix devait tomber d'abord sur ceux qui n'avaient pas d'autres ressources, tels que moi, le plus écrasé de tous par la révolution : vous aviez promis de ne rien faire sans nous en faire part, non-seulement dans les assemblées de mois, mais même de nous convoquer *ad hoc* s'il y avait quelque chose de nouveau sur les projets annoncés par le gouvernement. Non seulement vous n'en avez rien fait, mais même, vous avez admis des étrangers, sans savoir si vos malheureux confrères n'accepteraient pas. Vous avez, on peut le dire, dénaturé l'esprit du gouvernement, qui s'était annoncé vouloir employer des anciens payeurs des rentes, et l'envie d'obliger votre famille l'a emporté sur la justice à rendre à vos anciens confrères, qui auraient même accepté des places de contrôleurs, et autres, en vous concertant avec eux. Le défaut de fonds à fournir pour satisfaire aux cautionnemens demandés par le gouvernement, vous aurait, peut-être, donné la même facilité pour en placer d'autres ; mais au moins, vous auriez répondu à la confiance qu'ils avaient eue en vous.

A mon égard, si j'eusse mérité votre attention, j'aurais pu, je crois, fournir le cautionnement; car, sur le seul bruit qui avait couru que je serais rétabli, on était venu m'offrir douze mille francs. Un acte de justice, ancien collègue, émané d'un gouvernement qui s'annonce vouloir employer l'homme honnête et malheureux, donne de la consistance à celui qui en est l'objet, et vous m'auriez rendu mon existence.

M. *Dufrèsne* m'avait laissé entrevoir tout espoir, et j'ai fait imprimer la lettre que je lui avais écrite à ce sujet. Sur ce qu'il me dit ne l'avoir pas lue, *parce que vous aviez fait votre choix*, j'ai cru alors qu'il était nécessaire, pour mes malheureuses affaires, de faire connaître la justice et les égards que je méritais; ainsi que ceux de mes confrères à qui on a manqué, ainsi qu'à moi.

A l'égard des espérances que vous me donnez ; si j'avais 25 ans de moins, je pourrais les voir se réaliser ; mais en ayant choisi qui n'ont que cet âge, il me semble que c'est pour eux qu'elles doivent être réservées ; d'ailleurs si c'est vous qui conduisez toujours la chose à présent, j'étais le deux ou troisième sur la liste, et vous m'avez écarté ; quel espoir peut-il me rester, à moins d'un nouvel ordre dans le gouvernement, que nous ne devons pas désirer, et cependant vous m'y renvoyez.

Avoir rempli avec exactitude tous les devoirs et places dont j'ai été chargé, et en être en tout point la victime, ainsi que de mon honnêteté, *ça été, et ce sera toujours mon sort.* Ma carrière s'avance à grand pas ; il ne me reste bientôt plus de quoi exister : je n'ai plus d'autre espoir, de tranquilité que de voir bientôt arriver la fin de mes jours, ni d'autre consolation que de pouvoir dire : ils ont toujours été sans reproche. Quoiqu'il en soit, agréez l'assurance de mes sentimens.

HUREL.

Le citoyen Hurel *s'est déterminé à rendre publique cette affaire, pour justifier sa conduite à tout le monde, et sur-tout à ses créanciers qui auraient pu lui supposer des torts, ne le voyant pas rétabli dans son état, dans des circonstances aussi justes et aussi favorables. Au surplus, ses lettres sont restées sans réponse, et sans objections publiques, ni particulières.*

www.ingramcontent.com/pod-product-compliance
Lightning Source LLC
LaVergne TN
LVHW010342230826
846091LV00009B/3990

9782011940919